Bibliografische Information der Deutschen Nationalbibliothek:

Die Deutsche Bibliothek verzeichnet diese Publikation in der Deutschen National-
bibliografie; detaillierte bibliografische Daten sind im Internet über http://dnb.d-
nb.de/ abrufbar.

Impressum:

Copyright © 2009 GRIN Verlag GmbH
Druck und Bindung: Books on Demand GmbH, Norderstedt Germany
ISBN: 978-3-656-03591-6

Dieses Buch bei GRIN:

http://www.grin.com/de/e-book/180858/das-parteiensystem-der-usa-ein-ueberblick

GRIN - Your knowledge has value

Der GRIN Verlag publiziert seit 1998 wissenschaftliche Arbeiten von Studenten, Hochschullehrern und anderen Akademikern als eBook und gedrucktes Buch. Die Verlagswebsite www.grin.com ist die ideale Plattform zur Veröffentlichung von Hausarbeiten, Abschlussarbeiten, wissenschaftlichen Aufsätzen, Dissertationen und Fachbüchern.

Besuchen Sie uns im Internet:

http://www.grin.com/

http://www.facebook.com/grincom

http://www.twitter.com/grin_com

Helmut-Schmidt-Universität   Herbsttrimester 2008
Universität der Bundeswehr Hamburg
B.A.-Studiengang Politikwissenschaft

Vetopunkte im internationalen Vergleich: Parteien- und Wahlsysteme

Seminararbeit:

Das Parteiensystem der USA

vorgelegt von: Abgabetermin:

Nils Müller   **08.01.2009**

Inhaltsverzeichnis

1. Einleitung

Parteien als eine tendenziell auf Dauer angelegte Gruppe gleichgesinnter Bürger, die es sich zum Ziel gesetzt haben, gemeinsame politische Vorstellungen umzusetzen, sind zentrale Akteure im politischen Alltag der Bundesrepublik Deutschland. Ihnen wird per Verfassung die Aufgabe übertragen und das Recht zuerkannt, an der politischen Willensbildung des Volkes mitzuwirken. Aufgrund der Bedeutung der Parteien für die politische Willensbildung und die staatliche Organisation kann die Bundesrepublik als Parteienstaat klassifiziert werden. Der amerikanische Parteienbegriff unterscheidet sich deutlich vom deutschen und ist durch eine inhaltliche Differenzierung in die funktionalen Teilbereiche *Party as Organization*, *Party in Congress* und *Party in the Electorate* gekennzeichnet. Im Vergleich zum deutschen parlamentarischen System spielen die Parteien in Präsidialsystem der USA eine weit geringere Rolle. Sie treten insbesondere dann ins Rampenlicht der politisch-interessierten Öffentlichkeit, wenn es darum geht, die Kandidaten für wichtige öffentliche Ämter, insbesondere für das Präsidentschaftsamt zu nominieren. Aus der deutschen Perspektive erscheinen die nationalen Nominierungsparteitage der Demokraten und Republikaner als medial perfekt inszenierte Großereignisse.

Ausgehend von der geschichtlichen Entwicklung des amerikanischen Parteiensystems soll im Folgenden der Versuch unternommen werden, die Rolle der Parteien im politischen Prozess der Vereinigten Staaten zu untersuchen. Die klassischen Funktionen von Parteien - Personalrekrutierung, Interessenartikulation, Ausarbeitung einer politischen Programmatik, sowie Gewährleistung von Partizipation und Legitimation - sollen dabei als Richtlinie dienen. Es soll aufgezeigt werden, dass die konstitutionellen und strukturellen Rahmenbedingungen des amerikanischen Staates nicht nur die Grundlage des Handelns der politischen Akteure determiniert, sondern auch einen großen Einfluss auf die Ausrichtung, die Organisationsstruktur und die Rolle der Parteien im politischen System der USA haben.

Die historische Entwicklung des US-amerikanischen Parteiensystem ist gekennzeichnet durch verschiedene Phasen von *Realignment* und *Dealignment*. Realignment bezeichnet dabei eine neue dauerhafte Herausbildung politischer Bindung der Wählerschaft an eine Partei nach einer Phase der Auflösung von Parteibindungen (*Dealignment*). Die Phasen von Realignment und Dealignment werden in aller Regel von einem Wandel in den Sozialstrukturen und Milieus begleitet und ermöglichen eine Einteilung der historischen Entwicklung des amerikanischen Parteiensystems in fünf Phasen. Unter Berücksichtigung des Ausgangs der US-Präsidentschaftswahlen im Jahr 2008 soll untersucht werden, ob es in der jüngsten Vergangenheit zu einer erneuten Realignment-Phase im Parteiensystem der USA gekommen ist. Seit den 1970er-Jahren sahen viele Politikwissenschaftler und politische Beobachter eine Realignment-Phase zugunsten der Republikaner. Diese politische Machtverschiebung könnte durch die vergangenen Präsidentschafts- und Kongresswahlen gebrochen sein. Gleichzeitig erleben die Vereinigten Staaten ebenso wie viele westeuropäische Staaten eine sinkende Parteibindung der Wählerinnen und Wähler. Dies könnte ein Indiz für eine allgemeine *Dealignment*-Phase sein.

Die Untersuchung wird aufzeigen, dass Aspekte beider Entwicklungen ausgemacht werden können und dass unter der Berücksichtigung der Rolle von Parteien im politischen System der USA von einer starken Mobilisierung der Bevölkerung im Wahlkampf ebenso wenig auf eine *Realignment*- oder *Dealignment*-Phase geschlossen werden kann, wie von einer einzigen Präsidentschafts- oder Kongresswahl.

2. Rahmenbedingungen des amerikanischen Parteiensystems

2.1 Verfassung

Die Verfassung der Vereinigten Staaten als fundamentale Grundlage des amerikanischen politischen Systems erwähnt politische Parteien mit keinem Wort. Das mag den historischen Gegebenheiten ihrer Entstehung geschuldet sein, ist jedoch gleichzeitig bis heute Ausdruck der Rolle von Parteien im amerikanischen Regierungsprozess. Die Verfassung betont die enge Verbindung der gewählten Abgeordneten zu seinem Wahlkreis und negiert damit indirekt eine Bindung von Abgeordneten an einheitliche Parteilinien.[1]

Die Verfassungszusätze (*Amendments*) haben die Rolle der Parteien nur peripher beeinflusst. Erwähnt sei an dieser Stelle die Ausweitung des Wahlrechts auf alle männlichen Bürger ganz gleich welcher ethnischen Zugehörigkeit durch den 15. Zusatzartikel 1870 und die Einführung des Frauenwahlrechts 1920 durch den 19. Zusatzartikel zur US-Verfassung. Durch den 26. Zusatzartikel aus dem Jahr 1971 wurde das Wahlalter auf 18 Jahre herabgesetzt. Das Inkrafttreten dieser *Amendments* blieb jedoch ohne größere Auswirkung auf das US-Parteiensystem.

2.2 Wahlsystem

Die Teilnahme an Wahlen, die in den USA historisch bedingt untrennbar mit der Ausübung freiheitlicher Grundrechte verbunden ist, ist in den Vereinigten Staaten an den Besitz der amerikanischen Staatsbürgerschaft, die Vollendung des 18. Lebensjahres und an eine vorherige Registrierung als Wähler gebunden. Genauere Bestimmungen für die Teilnahme und Durchführung liegen bei den einzelnen Bundesstaaten. In den letzten Jahrzehnten hat man durch die Erlassung von Bundesvorschriften vermehrt versucht, Ungerechtigkeiten, etwa bei der Wahlkreiseinteilung, zu verhindern.[2]

Beruhend auf der *Majority Rule* werden alle Wahlen auf einzelstaatlicher und Bundesebene nach dem einfachen Mehrheitsprinzip durchgeführt. Vielen eigentlichen Wahlen gehen Vorwahlen (*Primaries*) oder *Caucuses* voraus, bei denen die Be-

---

[1] Filzmaier, Peter/ Plasser, Fritz 2005: Politik auf amerikanisch – Wahlen und politischer Wettbewerb in den USA, Wien, S. 25.
[2] Gellner, Winand/Kleiber, Martin 2007: Das Regierungssystem der USA – Eine Einführung, Baden-Baden, S. 177ff.

werber der einzelnen Partei bestimmt werden. Bei den Präsidentschaftswahlen haben sich die Vorwahlen bundesweit durchgesetzt. Parteilisten sind in den USA gänzlich unbekannt.

Eine Besonderheit des amerikanischen Wahlsystems stellen die Präsidentschaftswahlen dar. Die Wähler in den Einzelstaaten wählen den Präsidenten nicht direkt, sondern geben ihre Stimme für Wahlmänner ab. Die Wahlmänner eines Bundesstaates, deren Anzahl sich nach der Bevölkerungsgröße richtet, wählen dann en bloc den Präsidentschaftsbewerber, der in ihrem Bundesstaat die einfache Mehrheit der Stimmen auf sich vereinen konnte.[3]

Der Einfluss des amerikanischen Mehrheitswahlsystems auf die Herausbildung eines zweipoligen Parteiensystems ist nicht zu leugnen. Kleinere Parteien haben systembedingt in Mehrheitssystemen schlechtere Chancen, da viele Wähler ihre Stimme nicht Drittparteien ohne Chancen geben wollen. Anderseits konnte sich das zweipolige Parteiensystem der USA dauerhaft nur durch die Tolerierung innerparteilicher Konfliktlinien und Meinungsverschiedenheiten behaupten. Die Parteien waren in der Lage große Teile der heterogenen Einwandergesellschaft der Vereinigten Staaten zu integrieren.[4] (siehe auch Kapitel 6.3 Dritte Parteien)

2.3 Checks and Balances

Die Gründerväter der Vereinigten Staaten erkannten bei der Ausarbeitung der Verfassung die Gefahr, der exekutiven Gewalt in Form des Präsidenten zu viel Kompetenzen eingeräumt zu haben. Zur Verhinderung eines Machtmissbrauchs installierten sie daher ein System der *Checks and Balances*, das den Grundgedanken der Gewaltenteilung zwischen Legislative, Exekutive und Judikative aufnahm, gleichzeitig aber im gewissen Grad Gewaltenverschränkung vorsah („*a government of separarted institutions sharing powers*"[5]). Im Vergleich zu parlamentarischen Regierungssystemen ist die Verschränkung der drei Staatsgewalten in den USA recht begrenzt. Präsident und Kongress werden in getrennten Wahlen bestimmt, der Präsident bedarf keiner Mehrheit im Kongress, da er von diesem we-

---

[3] Gellner, Winand/Kleiber, Martin 2007: Das Regierungssystem der USA – Eine Einführung, Baden-Baden, S. 186.
[4] Hübner, Emil 2007: Das politische System der USA – Eine Einführung, 6. Auflage, München, S. 77.
[5] Neustadt, Richard E. 1990: Presidential power and the modern presidents – The politics of leadership from Roosevelt to Reagan, 3. Aufl., New York, S. 29, zitiert nach: Hübner, Emil 2007: Das politische System der USA – Eine Einführung, 6. Auflage, München, S. 112.

der gewählt noch abberufen werden kann. Dem Präsidenten fehlt das Recht zur Auflösung des Kongresses oder zur Anberaumung von Neuwahlen.[6] Auf der anderen Seite besitzt der Präsident in Form seines Veto-Rechts ein bedeutendes Mitspracherecht im Gesetzgebungsprozess. Der Senat greift durch seine Bestätigungspflicht für die Ernennung von Bundesrichtern und hohen Bundesbeamten durch den Präsidenten in den Aufgabenbereich der Exekutive ein. Konsequenz der *Checks and Balances* ist eine Verlangsamung des politischen Prozesses (*Gridlock*), die bis zum Politikstau führen kann.[7]

Obwohl das legislative Initiativrecht formal allein bei den Mitgliedern des Kongresses liegt, tritt der Präsident regelmäßig als *Agenda Setter* in Erscheinung. Eine eigene Abteilung ist im Weißen Haus dafür zuständig, Kontakt zum Kongress zu halten und dort Mehrheiten zu organisieren. Verhandlungspartner im Prozess des *Bargaining* sind sowohl die Mehrheitsführer der Fraktionen als auch einzelne Abgeordnete, die mit individuellen Zugeständnissen überzeugt werden.[8] Zusätzlich erschwert wird der Mehrheitsfindungsprozess, wenn die Partei des Präsidenten Minderheitspartei im Kongress ist.[9]

2.4 Föderalismus

Der Föderalismus als wichtiges Ordnungsprinzip der amerikanischen Nation hat bedeutenden Einfluss auf die thematische und organisatorische Ausrichtung der dortigen Parteien.

Die Streitfrage um die politische Mächteverteilung zwischen Gesamt- und Einzelstaaten im Umfeld des amerikanischen Verfassungsgebungsprozess wurde Auslöser zur Herausbildung zweier politischer Lager und ist heute noch Gegenstand der politischen Auseinandersetzung.[10]

Das Verhältnis zwischen Bundespartei und den Parteien auf einzelstaatlicher Ebene ist dem Verhältnis zwischen Bundes- und Einzelstaat nicht unähnlich. Das hohe Maß an Eigenständigkeit, das die amerikanischen Bundesstaaten gegenüber

---

[6] Hübner, Emil 2007: Das politische System der USA – Eine Einführung, 6. Auflage, München, S. 109f.
[7] Gellner, Winand/Kleiber, Martin 2007: Das Regierungssystem der USA – Eine Einführung, Baden-Baden, S. 32.
[8] Shell, Kurt L. 1992: Kongress und Präsident, in: Adams, W.P. (u.a.) (Hrsg.): Die Vereinigten Staaten von Amerika, Bd.1, 2. Aufl., Frankfurt/New York, S. 388f.
[9] Prätorius, Rainer 1997: Die USA – Politischer Prozess und soziale Probleme, Opladen, S. 79.
[10] Fraenkel, Ernst 1976: Das amerikanische Regierungssystem – Eine politologische Analyse, 3. Aufl., Opladen, S. 147ff.

der Bundesregierung in Washington besitzen, ist auch den einzelstaatlichen Parteien zu eigen. Die Führung der Bundespartei hat keinen Einfluss auf die Kandidatenaufstellungen zu Kongress- oder Gouverneurswahlen durch die Bundesstaaten. Die Position der Parteien in den Einzelstaaten gegenüber der Bundespartei wird durch ihre finanzielle Unabhängigkeit und die Unwirksamkeit bundesstaatlicher Gesetze zum Zwecke der Regulierung der Wahlkampffinanzierung zusätzlich gestärkt.[11]

2.5 Pluralismus

In den USA, die gemeinhin als Geburtsland des Lobbyismus gelten, spielen pluralistische Vorstellungen über die Koexistenz unterschiedlicher (politischer) Interessen naturgemäß eine große Rolle und prägen entscheidend den politischen Prozess in der heterogenen amerikanischen Gesellschaft.[12]

Diese Aufgabe der Interessenartikulation und -aggregation, die in parlamentarischen Regierungssystemen in erster Linie von Parteien wahrgenommen wird, teilen sich im politisch fragmentierten politischen System der USA Parteien, Interessengruppen, *Single-Issue-Groups* und andere Gruppierungen.[13] Parteien und Interessenverbände beeinflussen gegenseitig die Position, die ihnen im politischen Prozess zukommt:

> „Die Heterogenität der politischen Parteien [gemeint ist die Heterogenität der Mitglieder], unterstützt durch den Mangel an innerer Parteidisziplin und das ideologische Vakuum, ist offensichtlich ursächlich für die Entwicklung der Interessenverbände."[14]

Die Rolle des amerikanischen Verbandswesens muss daher bei der Betrachtung des politischen Handelns von Politikern und bei der Bewertung der Rolle von politischen Parteien Berücksichtigung finden.

---

[11] ebenda, S. 152ff.
[12] Prätorius, Rainer 1997: Die USA – Politischer Prozess und soziale Probleme, Opladen, S. 101ff.
[13] Lösche, Peter 1992: Interessenorganisationen, in: Adams, W.P. (u.a.) (Hrsg.): Die Vereinigten Staaten von Amerika, Bd.1, 2. Aufl., Frankfurt/New York, S. 496f.
[14] Saipa, Axel 1971: Politischer Prozess und Lobbyismus in der Bundesrepublik und in den USA, Göttingen, S. 27.

3. Merkmale des Parteiensystems

3.1 Party as Organization

3.1.1 Parteiorganisation auf lokaler und einzelstaatlicher Ebene

Verglichen mit den Parteien westeuropäischer Demokratien verfügen die amerikanischen Parteien über einen äußerst geringen Organisationsgrad. Die Parteienlandschaft der USA setzt sich nicht aus Bundesparteien zusammen, die sich hierarchisch in Parteien auf Einzelstaatenebene und diese wiederum auf kommunale Parteistrukturen aufgliedern, sondern ist vielmehr geprägt durch lose miteinander verkoppelte Parteifragmente auf lokaler, einzelstaatlicher und bundesstaatlicher Ebene. Die Beziehung zwischen den einzelnen Ebenen ist nicht hierarchisch, *„even when the linkage between the layers of organization is direct, the links move from the bottom to top."*[15]

Die Gliederungsebenen der amerikanischen Parteien orientieren sich an den Verwaltungs- und Wahlkreisstrukturen der einzelnen Bundesstaaten.[16] Da die Stellung von Parteien in der Bundesverfassung nicht festgelegt ist und ihre Tätigkeit nur im Bereich der Finanzierung durch Bundesgesetze beschränkt wird, sind die Parteien in ihrer Organisation nur den Verfassungen und Gesetzen der einzelnen Bundesstaaten unterworfen.[17]

In der kleinsten Wahlkreiseinheit, dem Bezirk, bilden lokale *Committeeperson* das unterste Ende der Organisationsstruktur. Sie halten Kontakt zu den Wählern, haben ein offenes Ohr für ihre Probleme und organisieren in Wahlkampfzeiten mitunter kleinere Auftritte der Kandidaten. Auf lokaler Ebene bilden Parteien verschiedene *Committees* heraus, die jeweils für ein politisches Gremium oder eine Verwaltungsebene zuständig sind. Die Zusammensetzung der *Committees* unterliegt den jeweiligen Bundesgesetzen. In aller Regel bildet jedoch ein *County Committee* das lokale Führungsgremium.[18]

An der Spitze der einzelstaatlichen Parteiorganisation steht ein *State Committee*, deren Zusammensetzung sich von Staat zu Staat unterscheidet. Die Mitglieder dieses *Committees* können durch *Primaries* oder lokale *Committees* gewählt sein,

---

[15] Beck, Paul Allen/Sorauf, Frank J. 1992: Party politics in America, 7. Aufl., New York, S. 77.
[16] ebenda, S. 74.
[17] ebenda, S. 70f.
[18] ebenda, S. 74ff.

Kraft ihres politischen Amtes Mitglied sein oder auf Parteitagen bestimmt werden. Das *State Committee* organisiert Parteitage, steuert das Sammeln von Spendengeldern und entsendet Vertreter zu den Bundesparteitagen und *National Commitees.*[19] Ferner wählt es den Parteivorsitzenden des jeweiligen Bundesstaates.[20]

3.1.2 Parteiorganisation auf Bundesebene

An der Spitze der Organisation der Demokratischen und Republikanischen Partei stehen die *National Committees*, die ihren Sitz in Washington D. C. haben und als Geschäftsstelle der Partei fungieren. Sie setzen sich aus Delegierten aus allen Bundesstaaten zusammen, wobei sich das Prinzip der genauen Zusammensetzung zwischen den beiden Parteien unterscheidet und regelmäßigen Änderungen unterworfen ist.[21] Die vornehmliche Aufgabe der *National Committees* besteht in der Vorbereitung der *National Conventions*, insbesondere der alle vier Jahre stattfindenden Nominierungsparteitage für den Präsidentschaftswahlkampf, und in der logistischen und finanziellen Unterstützung der Wahlkämpfe von Parteiangehörigen. Die Vorsitzenden der *National Committees*, die sogenannten *Chairmen*, besitzen nur begrenzten politischen Einfluss und sind am ehesten mit einem Geschäftsführer einer Bundespartei vergleichbar.[22]

Neben den *National Committees* verfügen die beiden großen Bundesparteien über eigene *Senatorial Campaign Committees* und *Congressional Campaign Committees*, die speziell für die Unterstützung der jeweiligen Kandidaten für Senats- und Repräsentantenhauswahlen verantwortlich sind.

Wichtigstes Aushängeschild der Parteien und gleichzeitig Höhepunkt der Vorwahlkämpfe sind die *National presidential Conventions*, die der Nominierung des Kandidaten gilt, mit denen die Partei in den Hauptwahlkampf zieht, und der Verabschiedung eines Wahlprogramms (*Party Platform*) dienen.[23] Jeder Bundesstaat entsendet eine nach einem komplizierten Schlüssel festgelegte Anzahl von Delegierten, die auf dem 3- bis 4-tägigen Bundesparteitag über Entschlussvorlagen abstimmen, die durch die *National Committees* bereits vorbereitet wurden. Inhaltli-

---

[19] ebenda, S. 76.
[20] Gellner, Winand/Kleiber, Martin 2007: Das Regierungssystem der USA – Eine Einführung, Baden-Baden, S. 163.
[21] Beck, Paul Allen/Sorauf, Frank J. 1992: Party politics in America, 7. Aufl., New York, S. 94ff.
[22] Hübner, Emil 2007: Das politische System der USA – Eine Einführung, 6. Auflage, München, S. 71f.
[23] ebenda, S. 72.

che Arbeit findet auf *National Conventions* nicht statt. Ursache dafür ist nicht zuletzt auch die ständig steigende Zahl von Delegierten.[24] Bis in die 1980er Jahre hinein fanden darüber hinaus *Midterm Conventions* statt, bei denen über partei-organisatorische Fragen beraten werden sollte. Da diese Parteitage jedoch nur wenig inhaltliche Übereinstimmungen zwischen den Delegierten hervorbrachten und nach außen ein Bild der innerparteilichen Zerstrittenheit präsentierten, wurden sie mittlerweile abgeschafft.[25]

3.2 Party in Congress

Party in Congress oder auch *Party in Government* bezeichnet eine Gruppe von Abgeordneten, die der gleichen Partei zugehörig sind. Eng verbunden mit diesem Parteibegriff ist in der Regel die Existenz stabiler und klar erkennbarer Mehrheitsverhältnisse, vorausgesetzt die einzelnen Abgeordneten stimmen so ab, wie es die Parteimehrheit tut.

Über die Frage, inwieweit die amerikanischen Parteien als *Party in Congress* auftreten, inwiefern also das Abstimmungsverhalten von Kongressabgeordneten mit der Parteizugehörigkeit korreliert herrschen unterschiedliche Ansichten. Bei sogenannten *Roll-Call*-Abstimmungen stimme das Abstimmungsverhalten häufig mit der Parteizugehörigkeit überein, wobei fraglich sei, ob es sich an diesem orientiere oder lediglich Ausdruck des jeweiligen politischen Standpunktes sei.[26] Insbesondere bei politischen Grundsatzentscheidungen in Wirtschafts-, Bildungs- oder Sozialfragen seien starke inhaltliche Differenzen zwischen Demokraten und Republikanern zu erkennen, die sich in Abstimmungen anhand von Parteigrenzen niederschlügen und für eine starke *Party in Congress* sprächen.[27] Die Zahl der Abstimmungen, bei denen die Mehrheitsfraktion im Kongress auch de facto die Mehrheit erreichen konnte ist in den letzten drei Jahrzehnten stetig gestiegen.[28] Gegen eine starke *Party in Congress* spricht, dass die Kongressabgeordneten ihr politisches Mandat nur in geringem Maße der eigenen Partei verdanken. Die Organisations-

---

[24] Wasser, Hartmut/Eilfort, Michael 2004: Politische Parteien und Wahlen, in: Lösche, Peter/Loeffelholz, Hans Dietrich von: Länderbericht USA, Bonn, S. 328.

[25] Wasser, Hartmut 1992: Die politischen Parteien, in: Adams, W.P. (u.a.) (Hrsg.): Die Vereinigten Staaten von Amerika, Bd.1, 2. Aufl., Frankfurt/New York, S. 448f.

[26] Gellner, Winand/Kleiber, Martin 2007: Das Regierungssystem der USA – Eine Einführung, Baden-Baden, S. 156.

[27] Hübner, Emil 2007: Das politische System der USA – Eine Einführung, 6. Auflage, München, S. 68.

[28] Oldopp, Birgit 2005: Das politische System der USA – Eine Einführung, Wiesbaden, S. 54f.

schwäche der amerikanischen Parteien führt dazu, dass Abgeordnete ihren Wahlkampf in Eigenregie gestalten und sich eher ihrem Wahlkreis verpflichtet sehen, als den Vorgaben der Bundespartei.[29]

Fraktionen (*Caucuses*)[30] sind im Kongress zwar bekannt, dennoch besitzen sie deutlich andere Funktionen und Bindezwänge als Fraktion in parlamentarischen Regierungssystemen. Inhaltliche Arbeit findet in den *Caucuses* nicht statt und die Ausrichtung des eigenen Abstimmungsverhaltens an den eigenen *Caucus* beruht auf rein freiwilliger Basis. Geht es zu Beginn einer Legislaturperiode darum, wichtige organisatorische Fragen zu klären oder die Ausschussvorsitzenden zu wählen, stimmen die Mitglieder eines *Caucus* jedoch meist geschlossen ab, um die eigene Position zu stärken.[31]

Sanktionsmöglichkeiten wie den Ausschluss eines Mitgliedes besitzen die Kongressfraktionen nicht, dennoch versuchen sogenannte *Whips* (Einpeitscher) Abstimmungsdisziplin herzustellen und die Fraktionsführer über das zu erwartende Abstimmungsverhalten der Abgeordneten zu informieren.[32] Die Fraktionsvorsitzenden (*Party Leader*) sehen sich selbst als Primus inter Pares, die mit anderen Abgeordneten der gleichen Partei politische Entscheidungen auf ad hoc Basis koordinieren. Sie haben dabei eher die Bedürfnisse der einzelnen Abgeordneten auf Wiederwahl im Blick als eine stringente Parteipolitik.[33]

Im Bereich der einzelstaatlichen Legislative ist die Bindung der Abgeordneten an die eigene Partei im Allgemeinen noch geringer als auf der bundesstaatlichen Ebene.[34] Die *Party in Government* sind in den Bundesstaaten oftmals stark zersplittert. Die Rolle der *Caucuses* unterscheidet sich von Staat zu Staat. Die Bandbreite reicht von einer rein informeller Funktion bis hin zu einem wichtigen Diskussions- und Entscheidungsgremium über Gesetzgebungsfragen. Die Macht der *Party Leader*, die auf Bundesebene sowohl bei Demokraten als auch bei Republi-

---

[29] Gellner, Winand/Kleiber, Martin 2007: Das Regierungssystem der USA – Eine Einführung, Baden-Baden, S. 156.
[30] Anmerkung: Die Bezeichnung für eine Fraktion im Kongress lautet bei den Demokraten *caucus* und bei den Republikaner *conference*; der Einfachheit halber wird nachfolgend von *caucus* gesprochen; vgl. Beck, Paul Allen/Sorauf, Frank J. 1992: Party politics in America, 7. Aufl., New York, S. 376.
[31] Shell, Kurt L. 1992: Kongress und Präsident, in: Adams, W.P. (u.a.) (Hrsg.): Die Vereinigten Staaten von Amerika, Bd.1, 2. Aufl., Frankfurt/New York, S. 361f.
[32] ebenda, S. 362.
[33] Beck, Paul Allen/Sorauf, Frank J. 1992: Party politics in America, 7. Aufl., New York, S. 379f.
[34] Gellner, Winand/Kleiber, Martin 2007: Das Regierungssystem der USA – Eine Einführung, Baden-Baden, S. 157.

kaner stark beschränkt wurde, ist auf einzelstaatlicher Ebene nicht zu unterschät-
zen. Sie besitzen großen Einfluss im Gesetzgebungsprozess und bei der Besetzung wichtiger Positionen in Ausschüssen und Gremien.[35]

3.3 Party in the Electorate

Party in the Electorate bezeichnet die Bindung der Wähler an eine Partei oder ihre
Präferenz für eine solche. Da den amerikanischen Parteien eine formelle Mitglied-
schaft fremd ist, ist es umstritten, ob die Kategorisierung einer *party in the Electorate* an eher langfristigen Parteibindungen oder kurzfristigen Parteiidentifikationen
festgemacht werden kann:

> „Answers to this question have allowed researchers to classify people into
> seven different categories of party identification – strong Democrats, weak
> Democrats, independent Democrats, independents, independent Republi-
> cans, weak Republicans, and strong Republicans – plus for a handful of
> people, apolitical or third party groupings."[36]

Bezogen auf den Grad der Parteibindung könnte zwischen generellen Anhängern,
Parteisympathisanten, Vorwahl-Wählern, Mitgliedern, Partei-Arbeitern und Partei-
führern differenziert werden.[37] Seit dem Ende des Zweiten Weltkrieges sind die
traditionellen Parteibindungen zu großen Teilen aufgelöst worden (*Dealignment*)
und die individuelle Loyalität zu einer Partei ist zunehmend von politischen Streit-
fragen (*Issues*) abhängig und verändert sich mit diesen.[38] Eine besondere Bedeutung kommt in den USA der persönliche Identifikation der Wähler mit den einzelnen Kandidaten zu, die von der Zugehörigkeit des Kandidaten zu einer Partei abs-
trahiert.[39] In ein hohes Maß an Heterogenität geprägten amerikanischen Gesellschaft sind die Parteien darauf angewiesen, möglichst viele gesellschaftliche
Gruppen für sich zu gewinnen um absolute Mehrheiten zu erreichen. Damit ver-

---

[35] Beck, Paul Allen/Sorauf, Frank J. 1992: Party politics in America, 7. Aufl., New York, S. 380ff.
[36] ebenda, S. 142.
[37] Vgl. Wasser, Hartmut/Eilfort, Michael 2004: Politische Parteien und Wahlen, in: Lösche, Pe-
ter/Loeffelholz, Hans Dietrich von: Länderbericht USA, Bonn, S. 351, Abb. 4.
[38] Abramowitz, Alan I./Saunders, Kyle L. 1998: Ideological Realignment in the U.S. Electorate, in:
The Journal of Politics, 60. Jg., Heft 3, S. 649.
[39] Hübner, Emil 2007: Das politische System der USA – Eine Einführung, 6. Auflage, München, S.
87.

bunden ist die Schwierigkeit, ideologische Trennlinien in der politischen Landschaft der Vereinigten Staaten auszumachen.[40]

---

[40] Gellner, Winand/Kleiber, Martin 2007: Das Regierungssystem der USA – Eine Einführung, Baden-Baden, S. 170ff.

4. Bedeutung/ Funktion von Parteien

4.1 Personalrekrutierung

Die wichtigste Funktion amerikanischer Parteien ist die Bereitstellung politischen Führungspotentials. Die Erlangung eines politischen Amtes ist in den Vereinigten Staaten zumeist mit dem Bekenntnis zu einer der beiden großen Parteien verbunden. Die Parteien unterstützen dabei gezielt Kandidaten, die im jeweiligen Wahlkreis bekannt sind und Chancen auf einen Wahlsieg haben. Nicht selten werden daher bekannte Persönlichkeiten, die ein öffentliches Amt anstreben, von beiden Parteien umworben.[41]

Im Vergleich zu anderen Ländern wurde der Prozess der Kandidatenselektion in den USA durch die Einführung von Vorwahlen (*Primaries*) zunehmend demokratisiert und in die Hände der Wähler gelegt. Insbesondere bei Präsidentschaftswahlen wurden in immer mehr Bundesstaaten die *Caucus*- und *Convention*-Verfahren (Wahl der Kandidaten durch Parteifunktionäre) durch *Primaries* ersetzt, bei denen sich die Wähler zwischen einer Liste der Demokraten und Republikaner entscheiden müssen und dann den ihrer Meinung nach am besten geeigneten Präsidentschaftskandidaten der jeweiligen Partei bestimmen können.[42] Das System der *Primaries* kommt öffentlich bekannten Persönlichkeiten zu Gute und sorgt dafür, dass die Personalrekrutierung der Parteien eher reaktiv unter Berücksichtigung der Vorwahlergebnisse durchgeführt wird.[43]

Ein Kandidat ist im Wahlkampf nicht gezwungenermaßen auf die prinzipielle, organisatorische und finanzielle Unterstützung einer Partei angewiesen. Durch die effektive Nutzung moderner Medien ist es in der Vergangenheit mehrfach Kandidaten gelungen, sich gegen den Willen von Parteifunktionären durchzusetzen und die Wahlen für sich zu entscheiden.[44]

---

[41] Gellner, Winand/Kleiber, Martin 2007: Das Regierungssystem der USA – Eine Einführung, Baden-Baden, S. 166f.
[42] Wasser, Hartmut/Eilfort, Michael 2004: Politische Parteien und Wahlen, in: Lösche, Peter/Loeffelholz, Hans Dietrich von: Länderbericht USA, Bonn, S. 337f.
[43] Gellner, Winand/Kleiber, Martin 2007: Das Regierungssystem der USA – Eine Einführung, Baden-Baden, S. 167.
[44] ebenda, S. 338f.

4.2 Interessenaggregation und -artikulation

Parteien befinden sich in modernen Demokratien in einer ganzen Gruppe von Akteuren, deren Aufgabe es ist oder die es sich zu eigen gemacht haben, Interessen der Bürger zu aggregieren und als Mittler zwischen Staat und Gesellschaft zu fungieren. Die amerikanischen Parteien nehmen Interessenaggregation gemeinsam mit Medien, Verbänden und Interessengruppen war. Ihr Stellenwert ist dabei von einzelnen Thematiken und von der Stärke der jeweiligen Interessengruppen abhängig.[45] Aufgrund ihrer eigenen organisatorischen Schwäche und der starken Rolle des Verbands- und Lobbyismuswesens in den USA ist die Interessenaggregationsfunktion amerikanischer Parteien im Allgemeinen nur sehr wenig bis gar nicht ausgeprägt.[46]

4.3 Programmformulierung

Von Parteien wird im allgemeinen erwartet, dass sie auf gesellschaftliche Problemstellungen adäquat reagieren können und Lösungen in Form politischer Programme aufzuweisen haben. Die Programminnovationsfunktion von Parteien steht dabei im Spannungsfeld mit systemischen Handlungsoptionen, die von den Parteien Berücksichtigung finden müssen.

Im amerikanischen Regierungssystem ist die Programmfunktion der Parteien nahezu gar nicht ausgeprägt, dies gilt sowohl für die *Party as Organization* als auch für die *Party in Congress*. Im Vorfeld der Präsidentschaftswahlkämpfe versuchen die Parteien durch die Verabschiedung eines Parteiprogramms (*Party Platform*) auf den *National presidential Conventions* Geschlossenheit zu demonstrieren und sich vom politischen Gegner abzugrenzen. Die *Party Platforms* dienen als Richtschnur im Wahlkampf, besitzen aber für die spätere Regierungszeit keine bindende Wirkung.[47]

Im Bereich der *Party in Congress* bemühen sich Kongressabgeordnete bei ihrer politischen Tätigkeit bestmögliche Ergebnisse für ihren eigenen Wahlkreis zu erzielen, um die eigene Wiederwahl zu sichern. An der Formulierung und Umset-

---

[45] ebenda, S. 165.
[46] Prätorius, Rainer 1997: Die USA – Politischer Prozess und soziale Probleme, Opladen, S. 79.
[47] Gellner, Winand/Kleiber, Martin 2007: Das Regierungssystem der USA – Eine Einführung, Baden-Baden, S. 167f.

zung einer legislativen Agenda innerhalb ihrer Kongressfraktion haben sie wenig Interesse.[48]

4.4 Partizipation

Die amerikanischen Parteien des 19. Jahrhunderts hatten einen großen Anteil an der Integration der unzähligen Einwanderer, indem sie auf lokaler Ebene ein hohes Maß an politischer Partizipation ermöglichten. Die Bosse der Patronageparteien verschafften Vielen sichere Arbeitsplätze und sorgten durch ihren großen Einfluss für die Lösung alltäglicher öffentlicher Probleme.[49] Verbunden damit war jedoch eine Reduzierung der Wahl auf eine Entscheidung zwischen der einen oder anderen Patronagepartei.[50]

Nach dem Ende der *Machine Politics* ist die Beteiligung an den Wahlen als wichtigstes Element politischer Partizipation wiederholt untersucht worden, um Antworten auf die Frage nach dem Einfluss der Parteien auf die politische Partizipation zu finden; bisher leider mit unklarem Ergebnis. Ein Vergleich mit anderen politischen Systemen erweist sich aufgrund der besonderen Rahmenbedingungen amerikanischer Wahlen (Registrierung als Wähler, Wahl an einem Wochentag) als schwierig.[51]

Als positiv für die Stärkung der politischen Partizipation kann die Einführung von Vorwahlen in den meisten Bundesstaaten angesehen werden. Sie ermöglichen personelle Mitsprache der Bürger schon vor der Wahl und fördern eine Mobilisierung der Wähler. Insbesondere in einem zweipoligen Parteiensystem wie den USA mit thematisch breit aufgestellten Parteien, fördern Vorwahlen inhaltliche Auseinandersetzungen und demokratische Entscheidungsprozesse innerhalb der Parteien.[52] Dass die Ausweitung der bürgerlichen Partizipationsrechte in diesem Bereich auf Kosten der Parteifunktionäre durchgeführt wurde, steht außer Frage.

---

[48] ebenda, S. 158ff.
[49] Prätorius, Rainer 1997: Die USA – Politischer Prozess und soziale Probleme, Opladen, S. 80.
[50] Fraenkel, Ernst 1976: Das amerikanische Regierungssystem – Eine politologische Analyse, 3. Aufl., Opladen, S. 48.
[51] Feigert, Frank B./Conway, M. Margaret 1976: Parties and politics in America, Boston, S. 88f.
[52] Fraenkel, Ernst 1976: Das amerikanische Regierungssystem – Eine politologische Analyse, 3. Aufl., Opladen, S. 55.

4.5 Sozialisation

Parteien tragen in einem demokratischen Gemeinwesen zur Sozialisation der Bürger bei, indem sie diese zu politischer Partizipation und gesellschaftlichen Engagement motivieren und an der Entwicklung politischer und soziokultureller Leitbilder in der Gesellschaft mitwirken.

In der föderalistisch strukturierten amerikanischen Gesellschaft haben die US-Parteien im Laufe ihrer Geschichte dazu beigetragen, ein gesamtstaatliches Nationalbewusstsein herauszubilden und die Bürger für politische Entscheidungsprozesse und Problemstellungen auf Bundesebene zu sensibilisieren.[53]

Auch wenn die ideologischen Unterschiede zwischen Demokraten und Republikaner im Vergleich zu den Parteien in westeuropäischen Mehrparteiensystemen als eher gering einzuschätzen ist, trug ihr striktes Bekenntnis zur Verfassung dazu bei, dass die dort verankerten Prinzipien zu amerikanischen Grundwerten werden konnten.

Die Sozialisationsaufgabe der amerikanischen Parteien kann als stetiger Prozess angesehen werden, im Rahmen dessen die Parteien immer wieder die Effizienz des politischen Systems gewährleisten müssen, um auf diese Weise die Legitimität des politischen Systems zu beweisen und das Vertrauen der Bürger in den politischen Prozess zu fördern.[54]

---

[53] Wasser, Hartmut/Eilfort, Michael 2004: Politische Parteien und Wahlen, in: Lösche, Peter/Loeffelholz, Hans Dietrich von: Länderbericht USA, Bonn, S. 330.
[54] ebenda, S. 331.

5. Historische Entwicklung

5.1 Das Erste Amerikanische Parteiensystem (1789-1828)

Als die Gründerväter der amerikanischen Nation am 17. September 1789 in Philadelphia die Verfassung der Vereinigten Staaten unterzeichneten und damit die zweitälteste heute noch gültige republikanische Verfassung der Welt in Kraft setzen, waren sie sich der Bedeutung von Parteien für den politischen Prozess nicht bewusst. Dies erklärt warum Parteien in der Verfassung keine Erwähnung finden. Bereits im Entstehungsprozess der Verfassung, den sogenannten *Constitutional Conventions,* bildeten sich jedoch Fraktionen heraus, deren Mitglieder ähnliche politische Ansichten über die Grundprinzipien der Staatsorganisation besaßen.

Zum wichtigsten Streitpunkt wurde die Frage nach der föderalen Mächteverteilung im Bundesstaat. Anhand dieser Konfliktlinie konstituierten sich zwei politische Lager, die in Grundzügen noch heute die Parteienlandschaft prägen. Die *Federalists* befürworteten eine starke Zentralregierung, wohingegen die *Anti-Federalists* (später *Democratic Republicans*) die Unabhängigkeit der Einzelstaaten stärken wollten.

Zur Verfestigung der politischen Lager auf Bundesebene trug die alltägliche legislative Arbeit der Kongressabgeordneten bei. Gemäß amerikanischer Verfassung bedarf jede Gesetzesvorlage der Zustimmung einer Mehrheit in beiden Kammern des Kongresses. Zur Verhinderung langwieriger Allianzbildungsprozesse bei jedem Abstimmungsverfahren und damit zur Senkung der Transaktionskosten etablierten sich Allianzen, die recht bald auch über die Grenzen des Kongresses hinweg ihren Einfluss geltend zu machen versuchten.[55] Die Blockbildung in Senat und Repräsentantenhaus war in den ersten beiden Legislaturperioden (1789-1793) noch relativ instabil. Abhängig von der Thematik bildeten sich Unterstützer oder Gegner der amtierenden Regierung (*pro-/ antiadministration*) oder regionale Gruppierungen heraus.[56]

Der Präsident ist mit seinem Vetorecht ein wichtiger Akteur im amerikanischen Gesetzgebungsprozess und wurde von den politische Allianzen im Kongress in ihre strategischen Überlegungen miteinbezogen. Die schrittweise Ausdehnung des

---

[55] Oldopp, Birgit 2005: Das politische System der USA – Eine Einführung, Wiesbaden, S. 122.
[56] Aldrich, John H. 1995: Why Parties? The origin and transformation of party politics in America, Chicago, S. 75.

Wahlrechts führte dazu, dass sich die *Parties in Government* zunehmend um die Unterstützung der Wähler für ihre Politik bemühten. Bei den Präsidentschaftswahlen 1800 gelang es den *Democratic Republicans* (vormals *Anti-Federalists*) ihren Kandidaten Thomas Jefferson zum Sieg zu verhelfen. Sie konnten dabei auf die Unterstützung der agrarischen Bevölkerungsteile setzen. Die Organisationsstruktur der Parteien befand sich zu dieser Zeit größtenteils in den Kinderschuhen und konzentrierte sich in erster Linie auf die lokale Basisarbeit. Die internen Konflikte bei den *Federalists* führten dazu, dass die *Democratic Republicans* ihren Einfluss immer weiter ausbauen konnten bis gegen Ende des Ersten Parteisystems von einem Zwei-Parteiensystem keine Rede mehr sein konnte. Gleichzeitig verloren die Parteien allgemein an Einfluss und die Verringerung von Parteigegensätzen führten zunehmend zu parteiunabhängigem Abstimmungsverhalten im Kongress.[57]

5.2 Das Zweite Amerikanische Parteiensystem (1828-1860)

Das Fehlen eines Konkurrenten führte zu einer innerparteilichen Spaltung der *Democratic Republicans*. Bei der Präsidentschaftswahl 1824 konnte keiner der vier Kandidaten der Partei eine Mehrheit der Wahlmänner auf sich vereinen, sodass gemäß 12. Zusatzartikel der Verfassung eine Entscheidung dem Repräsentantenhaus oblag. Dieses wählte John Quincy Adams zum Präsidenten, seine Unterstützer zu den *National Republicans*. Der unterlegene Andrew Jackson, der zuvor mehr Wahlmännerstimmen besaß, wurde zum Anführer der in Folge dieser Personalquerelen neu gegründeten Demokratischen Partei. Durch eine Neuorganisation der Partei gelang Jackson der Sieg der Präsidentschaftswahl 1828 gegen die neu gegründeten *Whigs*, die große Teile der inzwischen aufgelösten *National Republicans* integrierten. Jacksons Wahl bedeutete eine Fokussierung der Partei auf die Aufgabe, den eigenen Kandidaten ins höchste Staatsamt zu bringen. In Folge einer umfassenden Demokratisierung der Vereinigten Staaten (*Jacksonian Democracy*) und der damit verbundenen Ausweitung des allgemeinen Wahlrechts bauten die Parteien ihre eigene Organisation aus. Erstmals organisierten *National Conventions* die Wahlkämpfe und die Wahlkampffinanzierung wurde zentral koor-

---

[57] Klumpjan, Helmut 1998: Die amerikanischen Parteien – Von ihren Anfängen bis zur Gegenwart, Opladen, S. 96f.

diniert.[58] Seit den 1830er Jahren konnten sich die Parteien erstmals als *Party in the Electorate* etablieren und Wähler inhaltlich an die eigene Partei binden. Die Demokratisierungsreformen unter Andrew Jackson, die dazu führten, dass die Besetzung zahlreicher öffentlicher Ämter und Posten in der Verwaltung durch Wahlen entschieden werden sollte, stärkten die Rolle der Parteien, die ihre Aufgaben zunehmend darin sahen, eigene Mitglieder mit Posten zu versorgen. An der Spitze der für die Versorgung mit Ämtern zuständigen Organisation der Parteien (Parteimaschinen) standen mächtige Bosse.[59] Korrumpierung statt Demokratisierung der öffentlichen Verwaltung war die Folge.[60] Die Entwicklung von Patronageparteien sollten über lange Zeit den negativen Ruf der amerikanischen Parteien begründen.

5.3 Das Dritte Amerikanische Parteiensystem (1860-1896)

Bereits gegen Ende des Zweiten Parteiensystem zeichnete sich ein gesellschaftlicher Konflikt ab, der im Verlaufe des Dritten Parteiensystem zu einer Neuorientierung der parteipolitischen Landschaft führen sollte: Die Sklaverei. Die Gegner der Sklaverei formierten sich 1854 zusammen mit Teilen der sich auflösenden *Whigs* als Republikanische Partei (*Grand Old Party*). Mit der Spaltung der Nation in die Sklaverei ablehnenden Nordstaaten und die an der Sklaverei festhaltenden Südstaaten vollzog sich auch eine regionale Differenzierung der Parteienlandschaft.[61] Die Demokraten konnten ihren Einfluss in den agrarisch geprägten Südstaaten ausbauen und die Republikaner etablierten sich als politische Kraft in den überwiegend industriell geprägten Nordstaaten. Die militärische Niederlage der Südstaaten im Sezessionskrieg und die zunehmende Industrialisierung führten dazu, dass die Republikanische Partei die überwiegende Mehrheitspartei im Dritten Parteiensystem werden konnte.

Nachdem die Parteien ihre Aufgabe als *Party in the Electorate* gegenüber ihren Anfangsjahren deutlich ausbauen konnten und sich die Wähler in erster Linie nach

---

[58] Aldrich, John H. 1995: Why Parties? The origin and transformation of party politics in America, Chicago, S. 111.
[59] Fraenkel, Ernst 1976: Das amerikanische Regierungssystem – Eine politologische Analyse, 3. Aufl., Opladen, S. 46f.
[60] Wasser, Hartmut 1992: Die politischen Parteien, in: Adams, W.P. (u.a.) (Hrsg.): Die Vereinigten Staaten von Amerika, Bd.1, 2. Aufl., Frankfurt/New York, S. 439.
[61] Gellner, Winand/Kleiber, Martin 2007: Das Regierungssystem der USA – Eine Einführung, Baden-Baden, S. 148.

Parteien ausrichteten, erlebten die Parteien im ausgehenden 19. Jahrhundert gleichzeitig eine Beschränkung ihrer Macht. Durch die schrittweise Einführung von Vorwahlen verloren sie ihren Einfluss im Bereich der Kandidatenauswahl. Die Einführung des Berufsbeamtentums und die damit verbundene Vergabe öffentlicher Ämter nach Eignung und Befähigung anstatt von Parteizugehörigkeit griff ihre Stellung als Patronageparteien an.[62]

Gegen Ende des 19. Jahrhunderts traten zunehmend wirtschaftliche Themen in das Zentrum der politischen Auseinandersetzung und die Antworten der Parteien auf die wirtschaftlichen Probleme sollten die Klientein von Demokraten als Vertreter der Interessen von Farmern und Republikaner als Unterstützer von Industriearbeitern dauerhaft prägen.[63]

5.4 Das Vierte Amerikanische Parteiensystem (1896-1932)

Der Wandel vom politisch motivierten Gegensatz zwischen Nord- und Südstaaten hin zu einem ökonomischen Gegensatz zwischen Industriearbeitern und landwirtschaftlich Beschäftigten und die Ausrichtung der Parteien auf diesen Gegensatz markiert den Übergang zum Vierten Parteiensystem. Der Senat wurde seit 1913 direkt gewählt und das bereits zu Beginn des 20. Jahrhunderts realisierte allgemeine Wahlrecht für Männer wurde 1920 durch den 19. Zusatzartikel der Verfassung bundesweit auf Frauen ausgeweitet.[64]

Die Vorwahlen (*Primaries*), die 1892 zum ersten Mal abgehalten wurden, entwickelten sich durch die starke regionale Differenzierung zwischen Republikaner und Demokraten zum wichtigen Entscheidungsakt über wichtige politische Ämter. Insbesondere in den demokratischen Hochburgen der Südstaaten waren die eigentliche Wahlen reine Formalität.[65]

Trotz der Ausweitung des Wahlrechts und den nominalen Anstieg der Wähler, erlebte die Wahlbeteiligung im Vierten Parteiensystem mit 50 % bei den Präsidentschaftswahlen 1920 seinen historischen Tiefpunkt. Ursache hierfür dürften auch zahlreiche Diskriminierungsmaßnahmen zu Lasten der Schwarzen und Teilen der

---

[62] Oldopp, Birgit 2005: Das politische System der USA – Eine Einführung, Wiesbaden, S. 127.
[63] ebenda, S. 126.
[64] Klumpjan, Helmut 1998: Die amerikanischen Parteien – Von ihren Anfängen bis zur Gegenwart, Opladen, S. 287.
[65] ebenda, S. 288.

weißen Unterschicht sein.[66] Die Republikanische Partei konnte ihre Position als dominierende Partei während des Vierten Parteiensystem behaupten, ändern sollte sich dies erst mit den Präsidentschaftswahlen 1932.

5.5 Das Fünfte Amerikanische Parteiensystem (ab 1932)

Die USA wurden zu Beginn der 1930er Jahre als Folge der Weltwirtschaftskrise von einer schweren Depression heimgesucht und die politische Debatte um die notwendigen Maßnahmen zur Bewältigung der Krise sollte den Präsidentschaftswahlkampf von 1932 bestimmen. Der Kandidat der Demokratische Partei Franklin D. Roosevelt konnte mit seinen Vorschlägen für den *New Deal*, der umfassende staatliche Interventionen und soziale Grundsicherungssysteme vorsah, einen bedeutenden Gewinn für seine Partei erzielen. Die Wahl Roosevelts und damit das Ende der republikanischen Vorherrschaft markiert den Übergang zum Fünften Parteiensystem.

Das Fünfte amerikanische Parteiensystem ist geprägt durch die Nutzung moderner Kommunikationsmittel und Finanzierungsmodelle zu Wahlkampfzwecken[67] und seit dem Ende den 1950er Jahren durch eine schrittweise Auflösung der traditionellen Parteibindungen (*Dealignment*). Keine der beiden großen Parteien konnte sich langfristig als dominierende politische Kraft etablieren. Über eine politische Mächteverschiebung zu Gunsten der republikanischen Partei und der damit verbundenen Existenz eines Sechsten Parteiensystems seit den 1970er Jahren herrscht Uneinigkeit.[68]

---

[66] Vgl. ebenda, S. 287.
[67] Oldopp, Birgit 2005: Das politische System der USA – Eine Einführung, Wiesbaden, S. 130.
[68] ebenda, S. 128f.

6. Parteienlandschaft heute

6.1 Demokraten

Die Demokratische Partei hat seit der Präsidentschaft von Franklin D. Roosevelt und den damit verbundenen Beginn des 5. Parteiensystems einen Großteil seiner alten Stammwählerschaft verloren. Das Ende der alten *New-Deal-Koalition* scheint damit endgültig erreicht.[69]

Die Demokraten verloren in den 70er und 80er Jahren die Südstaaten, eine traditionelle Hochburg ihrer Partei, an die Republikaner.[70] Die Südstaaten-Demokraten waren im allgemeinen konservativer als ihre Parteikollegen aus den Nordstaaten und bildeten mit den Republikanern im Kongress die sogenannte *Conservative Coalition.*[71]

Die New-Deal-Politik prägte lange Zeit das Bild der Demokratischen Partei als Unterstützer sozial Benachteiligter, Befürworter eines vergleichsweise starken Staates (*Big Government*) und einer Ausweitung bundesstaatlicher Kompetenzen zu Lasten der Einzelstaaten. Außenpolitisch warb sie seit den 70er Jahren für eine atomare Abrüstungspolitik, was von konservativen Bevölkerungsteilen und der Republikanischen Partei als Selbstschwächung des amerikanischen Staates ausgelegt wurde.[72]

6.2 Republikaner

Das programmatische Profil der Republikaner ist innenpolitisch geprägt durch die Ablehnung von Zentralismus und Wohlfahrtsstaat und der Forderung nach einem leistungsorientierten, schlanken Staat. Außenpolitisch betonen sie die militärische Überlegenheit der Vereinigten Staaten (in der Tradition des Antikommunismus). Die *Grand Old Party* als Garantin von *Law and Order* gilt allgemein als wirtschaftsnah und innovationsfreundlich, gleichzeitig aber als Bewahrerin konservativer Werte.[73]

---

[69] ebenda, S. 128.
[70] Hübner, Emil 2007: Das politische System der USA – Eine Einführung, 6. Auflage, München, S. 89.
[71] Oldopp, Birgit 2005: Das politische System der USA – Eine Einführung, Wiesbaden, S. 54f.
[72] Klumpjan, Helmut 1998: Die amerikanischen Parteien – Von ihren Anfängen bis zur Gegenwart, Opladen, S. 459f.
[73] ebenda, S. 461f.

Den Republikanern ist es unter ihrem Präsidenten George W. Bush gelungen ein neues Wählerklientel für sich zu gewinnen, Religiös-Konservative. Bush, der sich selbst als *Born-again-Christian* bezeichnet, verdankt dieser Gruppe in großen Teilen den Gewinn der Präsidentschaftswahl 2000.[74] Der Konservatismus, der zu Beginn des 21. Jahrhunderts in den USA einen vorläufigen Höhepunkt erreicht hatte, sicherte den Republikanern einen Zulauf von Wählern aus fast allen gesellschaftlichen Milieus: Katholiken aus Einwandererfamilien ebenso wie protestantische Fundamentalisten, gewerkschaftlich Organisierte ebenso wie zahlreiche junge Wähler, die früher als traditionelle Klientel der Demokraten galten.[75]

Lange Zeit sah es so aus, als könnten die Republikaner ihren politischen Einfluss in den ehemals demokratisch geprägten Südstaaten festigen. Beginnend mit den Kongresswahlen 2006[76] und insbesondere seit den Präsidentschaftswahlen 2008, bei denen die Südstaaten mit ihrem großen Anteil an Hispanics einer der Hauptschauplätze des Wahlkampfes wurden, scheint die republikanische Dominanz in diesem Landesteil zu schwinden.

6.3 Dritte Parteien

Drittparteien spielen im zweipoligen Parteiensystem der Vereinigten Staaten nur eine untergeordnete Rolle. Auf Bundesebene konnte sich bisher keine Partei dauerhaft neben den Demokraten und Republikanern etablieren. Die wichtigste Bedeutung von Drittparteien ist ihre Funktion als *Agenda Setter* für die großen Parteien. Diese reagieren auf Wahlerfolge von Drittparteien und versuchen deren Themensetzung in die eigene Programmatik zu integrieren und die Wähler der Dritten Parteien (zurück) zu gewinnen.[77]

Bei Präsidentschaftswahlen versuchten und versuchen unabhängige Kandidaten immer wieder um die Gunst der Wähler zu kämpfen. Auch wenn ihre Erfolge in der Regel marginal sind, gelingt es jedoch in unregelmäßigen Abständen unabhängigen Kandidaten den Kandidaten der beiden großen Parteien eine nicht unbe-

---

[74] Gellner, Winand/Kleiber, Martin 2007: Das Regierungssystem der USA – Eine Einführung, Baden-Baden, S. 154.

[75] Wasser, Hartmut/Eilfort, Michael 2004: Politische Parteien und Wahlen, in: Lösche, Peter/Loeffelholz, Hans Dietrich von: Länderbericht USA, Bonn, S. 333f.

[76] Gellner, Winand/Kleiber, Martin 2007: Das Regierungssystem der USA – Eine Einführung, Baden-Baden, S. 155.

[77] Oldopp, Birgit 2005: Das politische System der USA – Eine Einführung, Wiesbaden, S. 118f.

trächtliche Zahl an Stimmen abzujagen. Dies kann sich in Einzelfällen sogar als wahlentscheidend auswirken.[78]

Die Wahlerfolge von unabhängigen Kandidaten bzw. Drittparteien bei Kongresswahlen ist ebenso gering wie bei der Besetzung von Gouverneursposten.[79] Institutionelle Hürden bei der Aufstellung als unabhängiger Kandidat bei einer Wahl und beim Erhalt finanzieller Wahlkampfhilfe durch den Staat verringern die Chancen von unabhängigen oder Drittparteien zusätzlich und zementieren den Status quo des amerikanischen Parteiensystems.[80]

---

[78] Wasser, Hartmut/Eilfort, Michael 2004: Politische Parteien und Wahlen, in: Lösche, Peter/Loeffelholz, Hans Dietrich von: Länderbericht USA, Bonn, S. 323.
[79] Beck, Paul Allen/Sorauf, Frank J. 1992: Party politics in America, 7. Aufl., New York, S. 48.
[80] Oldopp, Birgit 2005: Das politische System der USA – Eine Einführung, Wiesbaden, S. 120.

7. Zusammenfassung

Die Betrachtung des amerikanischen Parteiensystem unter Berücksichtigung der historischen Perspektive hat aufzeigen können, dass die Herausbildung eines zweipoligen Parteiensystems in den USA tiefgreifende historische und systemische Ursachen hat, die weit über den Faktor eines Mehrheitswahlrechts hinausgehen. Das amerikanische Parteiensystem, dessen Ausgangspunkt in den Konflikten zwischen Föderalisten und Anti-Föderalisten im Umfeld des Verfassungsgebungsprozesses zu finden ist, hat über mehr als 2 Jahrhunderte thematisch und strukturell immer auf gesellschaftliche Konfliktlinien (*Cleavages*) reagiert und sich entsprechend anpassen müssen.

Die amerikanischen Parteien sind durch ihre historische Entwicklung und ihre organisatorische Struktur nicht mit denen westeuropäischer parlamentarischer Systeme vergleichbar. Ihnen kommt im Präsidialsystem der Vereinigten Staaten in erster Linie eine elektorale Funktion zu. Sie richten ihre gesamte Tätigkeit auf anstehende Wahlkämpfe aus und versuchen Kandidaten unter dem Label ihrer Partei im Wahlkampf zu unterstützen. Zur Umsetzung dieser Funktion kommen sie zwischen den Wahlkämpfen mit einem Mindestmaß an organisatorischer Struktur aus.

Für die Wahrnehmung von Interessenartikulations- und –aggregationsaufgaben sind im politischen Prozess der USA, der an pluralistischen Grundsätze orientiert ist, in erster Linie Interessenverbände und *Single-Iussue-Groups* und nicht die Parteien zuständig.

Parteibindungen von Bürgern und Politikern sind in den USA traditionell schwach ausgeprägt. Dieser Umstand erschwert eine Bewertung der jüngsten Entwicklungen des amerikanischen Parteiensystems hinsichtlich der Existenz einer *Realignment*- oder *Dealignment*-Phase. Die seit den Wahlerfolgen von Nixon und Reagan immer wieder geäußerte Vermutung, dass ein *Realignment* zugunsten der Republikaner stattgefunden habe[81], muss in sofern als ungenau charakterisiert werden, als dass die Erfolge der Republikaner bei Präsidentschafts- und Kongresswahlen nur die jahrelange Vorherrschaft der Demokraten gebrochen haben. Insbesondere in den Südstaaten hat dies dazu geführt, dass sich ein echtes Zweiparteiensystem

---

[81] Vgl. Abramowitz, Alan I./Saunders, Kyle L. 1998: Ideological Realignment in the U.S. Electorate, in: The Journal of Politics, 60. Jg., Heft 3, S. 639f.

entwickeln konnte und sich die Demokraten und Republikaner als gleich starke Kontrahenten gegenüberstehen.

Das Erstarken neokonservativer Strömungen in den Vereinigten Staaten zu Beginn des 21. Jahrhunderts mag zwar einen allgemeinen Zustimmungsgewinn für traditionell republikanische Sichtweisen bedeuten, dies spiegelte sich jedoch nur bedingt in Wahlergebnissen wider.[82]

Viele Zeichen sprachen vor der Präsidentschaftswahl 2008 für ein Dealignment im amerikanischen Parteiensystem. Die Wahlbeteiligung, die in den Vereinigten Staaten systembedingt traditionell relativ niedrig ist, ging seit den 1960er Jahren kontinuierlich zurück. Verbunden mit dem Aufbrechen alter Wähler- und Parteienkoalitionen (New Deal Coalition, Conservative Coalition) sank die Parteiidentifikation sowohl auf Seiten der Republikaner als auch auf Seiten der Demokraten und die Zahl der Wechselwähler stieg an.

Die Präsidentschaftswahl 2008 scheint einen Bruch im Dealignment darzustellen. Die Wahlbeteiligung erreichte den höchsten Stand seit Jahrzehnten.[83] Der Wahlkampf und sogar schon der Vorwahlkampf, insbesondere auf Seiten der Demokraten, war verbunden mit einem hohen Maß an Mobilisierung der Bevölkerung. Wie in den einleitenden Worten bereits angekündigt, ist es jedoch äußerst problematisch, von den Umständen oder Ergebnissen einer einzigen Wahl auf eine erneute Realignment-Phase, egal ob zugunsten der Republikaner oder Demokraten zu schließen.[84] Auch wenn die Wahl Barack Obamas ein Rückschlag für die Vertreter der Republikaner-Realignment-These sein mag, so sei darauf hingewiesen, dass die Demokratische Partei bei den gleichzeitig zu den Präsidentschaftswahlen stattgefundenen Kongresswahlen den Wahlsieg nicht in dem Maße für sich verbuchen konnten, wie sie es sich vermutlich gewünscht hätten.

Diese Entwicklungen zeigen einmal mehr die organisatorische und funktionale Schwäche der amerikanischen Parteien und die Bedeutung des personellen Faktors amerikanischer Wahlkämpfe.

---

[82] Vgl. Wasser, Hartmut/Eilfort, Michael 2004: Politische Parteien und Wahlen, in: Lösche, Peter/Loeffelholz, Hans Dietrich von: Länderbericht USA, Bonn, S. 350.
[83] Siehe Anlage 3.
[84] Vgl. Brunell, Thomas L./Grofman, Bernard 1998: Explaining Divided U.S. Senate Delegations, 1788-1996. A Realignment Approach, in: American Political Science Review, 92. Jg., Heft 1, S. 392.

Literaturverzeichnis

Abramowitz, Alan I./Saunders, Kyle L. 1998: Ideological Realignment in the U.S. Electorate, in: The Journal of Politics, 60. Jg., Heft 3, S. 634-652.

Aldrich, John H. 1995: Why Parties? The origin and transformation of party politics in America, Chicago.

Beck, Paul Allen/Sorauf, Frank J. 1992: Party politics in America, 7. Aufl., New York.

Brunell, Thomas L./Grofman, Bernard 1998: Explaining Divided U.S. Senate Delegations, 1788-1996. A Realignment Approach, in: American Political Science Review, 92. Jg., Heft 1, S. 391-399.

Chambers, William Nisbet/Burnham, Walter Dean (Hrsg.) 1975: The American party system – Stages of political development, New York.

Feigert, Frank B./Conway, M. Margaret 1976: Parties and politics in America, Boston.

Filzmaier, Peter/ Plasser, Fritz 2005: Politik auf amerikanisch – Wahlen und politischer Wettbewerb in den USA, Wien.

Fraenkel, Ernst 1976: Das amerikanische Regierungssystem – Eine politologische Analyse, 3. Aufl., Opladen.

Gellner, Winand/Kleiber, Martin 2007: Das Regierungssystem der USA – Eine Einführung, Baden-Baden.

Hübner, Emil 2007: Das politische System der USA – Eine Einführung, 6. Auflage, München.

Keefe, William J. 1991: Parties, politics, and public policy in America, 6. Aufl., Washington D.C.

Klumpjan, Helmut 1998: Die amerikanischen Parteien – Von ihren Anfängen bis zur Gegenwart, Opladen.

Lösche, Peter 1992: Interessenorganisationen, in: Adams, W.P. (u.a.) (Hrsg.): Die Vereinigten Staaten von Amerika, Bd.1, 2. Aufl., Frankfurt/New York, S. 484-507.

Menefee-Libey, David 2000: The Triumph of Campaign-Centered Politics, New York.

Niclauß, Karlheinz 2002 : Das Parteiensystem der Bundesrepublik Deutschland, 2. Aufl., Paderborn.

Oldopp, Birgit 2005: Das politische System der USA – Eine Einführung, Wiesbaden.

Pomper, Gerald M. 1992: Passions and interests – Political party concepts of american democracy, Lawrence.

Prätorius, Rainer 1997: Die USA – Politischer Prozess und soziale Probleme, Opladen.

Schmidt, Manfred G. 2008: Demokratietheorien – Eine Einführung, 4. Aufl., Wiesbaden.

Saipa, Axel 1971: Politischer Prozess und Lobbyismus in der Bundesrepublik und in den USA, Göttingen.

Shell, Kurt L. 1992: Kongress und Präsident, in: Adams, W.P. (u.a.) (Hrsg.): Die Vereinigten Staaten von Amerika, Bd.1, 2. Aufl., Frankfurt/New York, S. 357-396.

Wasser, Hartmut 1992: Die politischen Parteien, in: Adams, W.P. (u.a.) (Hrsg.): Die Vereinigten Staaten von Amerika, Bd.1, 2. Aufl., Frankfurt/New York, S. 438-459.

Wasser, Hartmut/Eilfort, Michael 2004: Politische Parteien und Wahlen, in: Lösche, Peter/Loeffelholz, Hans Dietrich von: Länderbericht USA, Bonn, S. 319-352.

Anhang 1: Tabelle: Sitzverteilung im US-Senat und US-Repräsentantenhaus 1789-2011

	Legislaturperiode	Repräsentantenhaus					Senat					Kongress	
		Demokraten		Republikaner		Gesamt	Demokraten		Republikaner		Gesamt	Demokraten	Republikaner
		Mandate	prozent. Anteil	Mandate	prozent. Anteil	Mandate	Mandate	prozent. Anteil	Mandate	prozent. Anteil	Mandate	prozent. Anteil	prozent. Anteil
1	1789 - 1791	28	43,1	37	56,9	65	8	30,8	18	69,2	26	36,9	63,1
2	1791 - 1793	30	43,5	39	56,5	69	13	44,8	16	55,2	29	44,2	55,8
3	1793 - 1795	54	51,4	51	48,6	105	14	46,7	16	53,3	30	49,0	51,0
4	1795 - 1797	59	55,7	47	44,3	106	11	34,4	21	65,6	32	45,0	55,0
5	1797 - 1799	49	46,2	57	53,8	106	10	31,3	22	68,8	32	38,7	61,3
6	1799 - 1801	46	43,4	60	56,6	106	10	31,3	22	68,8	32	37,3	62,7
7	1801 - 1803	68	64,2	38	35,8	106	17	53,1	15	46,9	32	58,6	41,4
8	1803 - 1805	103	72,5	39	27,5	142	25	73,5	9	26,5	34	73,0	27,0
9	1805 - 1807	114	80,3	28	19,7	142	27	79,4	7	20,6	34	79,8	20,2
10	1807 - 1809	116	81,7	26	18,3	142	28	82,4	6	17,6	34	82,0	18,0
11	1809 - 1811	92	64,8	50	35,2	142	27	79,4	7	20,6	34	72,1	27,9
12	1811 - 1813	107	74,8	36	25,2	143	30	83,3	6	16,7	36	79,1	20,9
13	1813 - 1815	114	62,6	68	37,4	182	28	77,8	8	22,2	36	70,2	29,8
14	1815 - 1817	119	65,0	64	35,0	183	26	68,4	12	31,6	38	66,7	33,3
15	1817 - 1819	146	78,9	39	21,1	185	30	71,4	12	28,6	42	75,2	24,8
16	1819 - 1821	160	86,0	26	14,0	186	37	80,4	9	19,6	46	83,2	16,8
17	1821 - 1823	155	82,9	32	17,1	187	44	91,7	4	8,3	48	87,3	12,7
18	1823 - 1825	64	47,1	72	52,9	136	31	64,6	17	35,4	48	55,8	44,2
19	1825 - 1827	104	48,8	109	51,2	213	26	54,2	22	45,8	48	51,5	48,5
20	1827 - 1829	113	53,1	100	46,9	213	27	56,3	21	43,8	48	54,7	45,3
21	1829 - 1831	136	65,4	72	34,6	208	25	52,1	23	47,9	48	58,7	41,3
22	1831 - 1833	126	65,6	66	34,4	192	24	52,2	22	47,8	46	58,9	41,1
23	1833 - 1835	143	69,4	63	30,6	206	26	56,5	20	43,5	46	63,0	37,0
24	1835 - 1837	143	65,6	75	34,4	218	26	52,0	24	48,0	50	58,8	41,2
25	1837 - 1839	128	56,1	100	43,9	228	35	67,3	17	32,7	52	61,7	38,3
26	1839 - 1841	125	53,4	109	46,6	234	30	57,7	22	42,3	52	55,6	44,4
27	1841 - 1843	98	40,8	142	59,2	240	22	43,1	29	56,9	51	42,0	58,0
28	1843 - 1845	147	67,1	72	32,9	219	23	44,2	29	55,8	52	55,7	44,3
29	1845 - 1847	142	64,3	79	35,7	221	34	60,7	22	39,3	56	62,5	37,5
30	1847 - 1849	110	48,7	116	51,3	226	38	64,4	21	35,6	59	56,5	43,5

	Legislaturperiode	Repräsentantenhaus					Senat					Kongress	
		Demokraten		Republikaner		Gesamt	Demokraten		Republikaner		Gesamt	Demokraten	Republikaner
		Mandate	prozent. Anteil	Mandate	prozent. Anteil	Mandate	Mandate	prozent. Anteil	Mandate	prozent. Anteil	Mandate	prozent. Anteil	prozent. Anteil
31	1849 - 1851	113	51,1	108	48,9	221	35	58,3	25	41,7	60	54,7	45,3
32	1851 - 1853	127	59,9	85	40,1	212	36	61,0	23	39,0	59	60,5	39,5
33	1853 - 1855	157	68,9	71	31,1	228	38	63,3	22	36,7	60	66,1	33,9
34	1855 - 1857	83	45,4	100	54,6	183	39	65,0	21	35,0	60	55,2	44,8
35	1857 - 1859	132	59,5	90	40,5	222	41	67,2	20	32,8	61	63,3	36,7
36	1859 - 1861	83	41,7	116	58,3	199	38	59,4	26	40,6	64	50,5	49,5
37	1861 - 1863	44	28,9	108	71,1	152	15	32,6	31	67,4	46	30,8	69,2
38	1863 - 1865	72	45,6	86	54,4	158	10	23,3	33	76,7	43	34,4	65,6
39	1865 - 1867	38	21,8	136	78,2	174	11	22,0	39	78,0	50	21,9	78,1
40	1867 - 1869	47	21,4	173	78,6	220	9	13,6	57	86,4	66	17,5	82,5
41	1869 - 1871	67	28,2	171	71,8	238	12	16,2	62	83,8	74	22,2	77,8
42	1871 - 1873	104	43,3	136	56,7	240	17	23,3	56	76,7	73	33,3	66,7
43	1873 - 1875	88	30,7	199	69,3	287	19	28,8	47	71,2	66	29,7	70,3
44	1875 - 1877	182	63,9	103	36,1	285	28	37,8	46	62,2	74	50,8	49,2
45	1877 - 1879	155	53,3	136	46,7	291	35	46,7	40	53,3	75	50,0	50,0
46	1879 - 1881	141	51,6	132	48,4	273	42	56,0	33	44,0	75	53,8	46,2
47	1881 - 1883	128	45,9	151	54,1	279	37	50,0	37	50,0	74	47,9	52,1
48	1883 - 1885	196	62,6	117	37,4	313	36	48,6	38	51,4	74	55,6	44,4
49	1885 - 1887	182	56,3	141	43,7	323	34	44,7	42	55,3	76	50,5	49,5
50	1887 - 1889	167	52,4	152	47,6	319	37	48,7	39	51,3	76	50,5	49,5
51	1889 - 1891	152	45,9	179	54,1	331	37	42,0	51	58,0	88	44,0	56,0
52	1891 - 1893	238	73,5	86	26,5	324	39	45,3	47	54,7	86	59,4	40,6
53	1893 - 1895	218	63,7	124	36,3	342	44	52,4	40	47,6	84	58,1	41,9
54	1895 - 1897	93	26,8	254	73,2	347	40	47,6	44	52,4	84	37,2	62,8
55	1897 - 1899	124	37,6	206	62,4	330	34	43,6	44	56,4	78	40,6	59,4
56	1899 - 1901	161	46,3	187	53,7	348	26	32,9	53	67,1	79	39,6	60,4
57	1901 - 1903	151	43,0	200	57,0	351	32	36,4	56	63,6	88	39,7	60,3
58	1903 - 1905	176	46,0	207	54,0	383	33	36,7	57	63,3	90	41,3	58,7
59	1905 - 1907	135	35,0	251	65,0	386	32	35,6	58	64,4	90	35,3	64,7
60	1907 - 1909	147	39,7	223	60,3	370	31	33,7	61	66,3	92	36,7	63,3
61	1909 - 1911	172	44,0	219	56,0	391	32	34,8	60	65,2	92	39,4	60,6
62	1911 - 1913	230	58,7	162	41,3	392	44	45,8	52	54,2	96	52,3	47,7

Legislaturperiode	Repräsentantenhaus Demokraten Mandate	prozent. Anteil	Republikaner Mandate	prozent. Anteil	Gesamt Mandate	Senat Demokraten Mandate	prozent. Anteil	Republikaner Mandate	prozent. Anteil	Gesamt Mandate	Kongress Demokraten prozent. Anteil	Republikaner prozent. Anteil
63 1913 - 1915	291	68,5	134	31,5	425	51	53,7	44	46,3	95	61,1	38,9
64 1915 - 1917	230	54,0	196	46,0	426	56	58,3	40	41,7	96	56,2	43,8
65 1917 - 1919	214	49,9	215	50,1	429	54	56,3	42	43,8	96	53,1	46,9
66 1919 - 1921	192	44,4	240	55,6	432	47	49,0	49	51,0	96	46,7	53,3
67 1921 - 1923	131	30,3	302	69,7	433	37	38,5	59	61,5	96	34,4	65,6
68 1923 - 1925	207	47,9	225	52,1	432	42	44,2	53	55,8	95	46,1	53,9
69 1925 - 1927	183	42,6	247	57,4	430	41	43,2	54	56,8	95	42,9	57,1
70 1927 - 1929	194	44,9	238	55,1	432	46	48,9	48	51,1	94	46,9	53,1
71 1929 - 1931	164	37,8	270	62,2	434	39	41,1	56	58,9	95	39,4	60,6
72 1931 - 1933	216	49,8	218	50,2	434	47	49,5	48	50,5	95	49,6	50,4
73 1933 - 1935	313	72,8	117	27,2	430	59	62,1	36	37,9	95	67,4	32,6
74 1935 - 1937	322	75,8	103	24,2	425	69	73,4	25	26,6	94	74,6	25,4
75 1937 - 1939	334	79,1	88	20,9	422	76	82,6	16	17,4	92	80,9	19,1
76 1939 - 1941	262	60,8	169	39,2	431	69	75,0	23	25,0	92	67,9	32,1
77 1941 - 1943	267	62,2	162	37,8	429	66	70,2	28	29,8	94	66,2	33,8
78 1943 - 1945	222	51,5	209	48,5	431	57	60,0	38	40,0	95	55,8	44,2
79 1945 - 1947	242	55,9	191	44,1	433	57	60,0	38	40,0	95	57,9	42,1
80 1947 - 1949	188	43,3	246	56,7	434	45	46,9	51	53,1	96	45,1	54,9
81 1949 - 1951	263	60,6	171	39,4	434	54	56,3	42	43,8	96	58,4	41,6
82 1951 - 1953	235	54,1	199	45,9	434	49	51,0	47	49,0	96	52,6	47,4
83 1953 - 1955	213	49,1	221	50,9	434	47	49,5	48	50,5	95	49,3	50,7
84 1955 - 1957	232	53,3	203	46,7	435	48	50,5	47	49,5	95	51,9	48,1
85 1957 - 1959	234	53,8	201	46,2	435	49	51,0	47	49,0	96	52,4	47,6
86 1959 - 1961	283	64,9	153	35,1	436	65	65,0	35	35,0	100	65,0	35,0
87 1961 - 1963	263	60,2	174	39,8	437	64	64,0	36	36,0	100	62,1	37,9
88 1963 - 1965	259	59,5	176	40,5	435	66	66,0	34	34,0	100	62,8	37,2
89 1965 - 1967	295	67,8	140	32,2	435	68	68,0	32	32,0	100	67,9	32,1
90 1967 - 1969	247	56,9	187	43,1	434	64	64,0	36	36,0	100	60,5	39,5
91 1969 - 1971	243	55,9	192	44,1	435	57	57,0	43	43,0	100	56,4	43,6
92 1971 - 1973	255	58,6	180	41,4	435	54	55,1	44	44,9	98	56,9	43,1
93 1973 - 1975	242	55,8	192	44,2	434	56	57,1	42	42,9	98	56,5	43,5
94 1975 - 1977	291	66,9	144	33,1	435	60	61,2	38	38,8	98	64,1	35,9

	Repräsentantenhaus					Senat					Kongress	
	Demokraten		Republikaner		Gesamt	Demokraten		Republikaner		Gesamt	Demokraten	Republikaner
Legislaturperiode	Mandate	prozent. Anteil	Mandate	prozent. Anteil	Mandate	Mandate	prozent. Anteil	Mandate	prozent. Anteil	Mandate	prozent. Anteil	prozent. Anteil
95 1977 - 1979	292	67,1	143	32,9	435	61	61,6	38	38,4	99	64,4	35,6
96 1979 - 1981	277	63,7	158	36,3	435	58	58,6	41	41,4	99	61,1	38,9
97 1981 - 1983	242	55,8	192	44,2	434	46	46,5	53	53,5	99	51,1	48,9
98 1983 - 1985	269	61,8	166	38,2	435	46	46,0	54	54,0	100	53,9	46,1
99 1985 - 1987	253	58,2	182	41,8	435	47	47,0	53	53,0	100	52,6	47,4
100 1987 - 1989	258	59,3	177	40,7	435	55	55,0	45	45,0	100	57,2	42,8
101 1989 - 1991	260	59,8	175	40,2	435	55	55,0	45	45,0	100	57,4	42,6
102 1991 - 1993	267	61,5	167	38,5	434	56	56,0	44	44,0	100	58,8	41,2
103 1993 - 1995	258	59,4	176	40,6	434	57	57,0	43	43,0	100	58,2	41,8
104 1995 - 1997	204	47,0	230	53,0	434	48	48,0	52	52,0	100	47,5	52,5
105 1997 - 1999	206	47,5	228	52,5	434	45	45,0	55	55,0	100	46,2	53,8
106 1999 - 2001	211	48,6	223	51,4	434	45	45,0	55	55,0	100	46,8	53,2
107 2001 - 2003	212	49,0	221	51,0	433	50	50,0	50	50,0	100	49,5	50,5
108 2003 - 2005	204	47,1	229	52,9	433	48	48,5	51	51,5	99	47,8	52,2
109 2005 - 2007	202	46,5	232	53,5	434	44	44,4	55	55,6	99	45,5	54,5
110 2007 - 2009	233	53,6	202	46,4	435	49	50,0	49	50,0	98	51,8	48,2
111 2009 - 2011	257	59,1	178	40,9	435	58	58,6	41	41,4	99	58,8	41,2

eigene Darstellung nach offiziellen Daten des US-Senats und US-Repräsentantenhauses

http://www.senate.gov/pagelayout/history/one_item_and_teasers/partydiv.htm (Daten zur Sitzverteilung im Senat) (aufgerufen am 23.12.2008)
http://clerk.house.gov/art_history/house_history/partyDiv.html (Daten zur Sitzverteilung im Repräsentantenhaus) (aufgerufen am 23.12.2008)

Anhang 2: Grafik: Mehrheitsverhältnisse im Amerikanischen Kongress 1789-2009

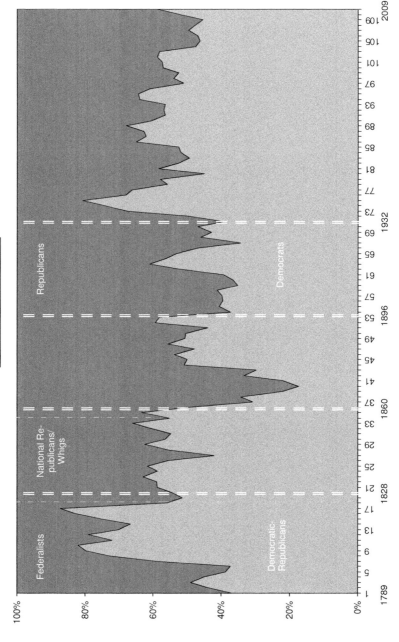

eigene Darstellung auf Grundlage der Tabelle: Sitzverteilung im US-Senat und US-Repräsentantenhaus

Anhang 3: Tabelle: Wahlbeteiligung bei US-Präsidentschaftswahlen
1824-2008

Jahr	Wahlberechtigte Bevölkerung	Wahlregistrierungen		Wahlbeteiligung	
		nominal	prozentual	nominal	prozentual[1]
1824					26,9
1828					57,6
1832					55,4
1836					57,8
1840					80,2
1844					78,9
1848					72,7
1852					69,6
1856					78,9
1860					81,2
1864					73,8
1868					78,1
1872					71,3
1876					81,8
1880					79,4
1884					77,5
1888					79,3
1892					74,7
1896					79,3
1900					73,2
1904					65,2
1908					65,4
1912					58,8
1916					61,6
1920					49,2
1924					48,9
1928					56,9
1932					56,9
1936					61,0
1940					62,5
1944					55,9
1948					53,0
1952					63,3
1956					60,6
1960	109.672.000	63.854.789	58,2	68.838.204	62,8
1964	114.090.000	73.715.818	64,6	70.644.592	61,9
1968	120.328.186	81.658.180	67,9	73.211.875	60,8
1972	140.776.000	97.283.541	69,1	77.718.554	55,2
1976	152.309.190	105.024.916	69,0	81.555.789	53,6
1980	164.597.000	113.036.958	68,7	86.515.221	52,6
1984	174.468.000	124.184.647	71,2	92.652.680	53,1
1988	182.630.000	126.381.202	69,2	91.594.693	50,2
1992	189.044.500	133.821.178	70,8	104.405.155	55,2
1996	196.511.000	146.211.960	74,4	96.456.345	49,1
2000	205.815.000	156.421.311	76,0	105.586.274	51,3
2004	221.256.931	174.800.000	79,0	122.295.345	55,3
2008	231.229.580			131.370.793[2]	56,8

[1] bezogen auf die wahl berechtigte Bevölkeru ng

[2] Daten des Dave Leip's Atlas of U.S. Presidential Elections (http://uselectionatlas.org/RESULTS/)

eigene Darstellung nach Zahlen des American Presidency Projects
http://www.presidency.ucsb.edu/data/turnout.php (aufgerufen am: 23.12.2008)

Anhang 4: Grafik: Wahlbeteiligung bei US-Präsidentschaftswahlen 1824-2008

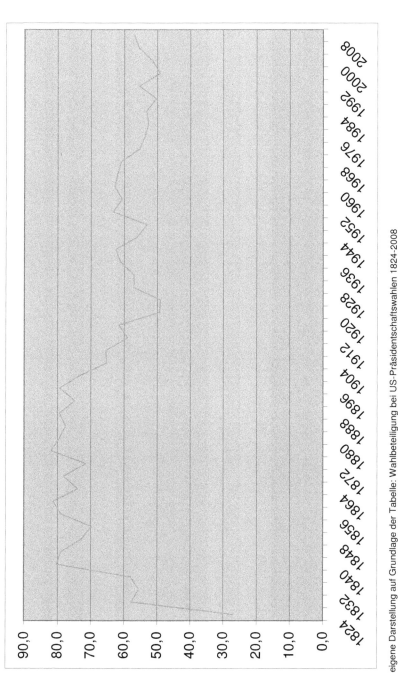

eigene Darstellung auf Grundlage der Tabelle: Wahlbeteiligung bei US-Präsidentschaftswahlen 1824-2008

Anhang 5: Grafik: Wahlverwalten in US-Präsidentschaftswahlen nach sozialstrukturellen Kriterien

Overall

Total vote		1972	1976	1980	1984	1988	1992	1996	2000	2004	2008
100%	Democrat	36	50	41	40	45	43	49	48	48	53
of the	Republican	61	48	51	59	53	38	41	48	51	46
electorate	Independent	-	-	7	-	-	19	8	2	-	-

Sex

Men		1972	1976	1980	1984	1988	1992	1996	2000	2004	2008
47%	Democrat	36	50	36	37	41	41	43	42	44	49
of the	Republican	62	48	55	62	57	38	44	53	55	48
electorate	Independent	-	-	7	-	-	21	10	3	-	-

Women		1972	1976	1980	1984	1988	1992	1996	2000	2004	2008
53	Democrat	37	50	45	44	49	45	54	54	51	56
	Republican	61	48	47	56	50	37	38	43	48	43
	Independent	-	-	7	-	-	17	7	2	-	-

Race & Ethnicity

White		1972	1976	1980	1984	1988	1992	1996	2000	2004	2008
74%	Democrat	31	47	36	35	40	39	43	42	41	43
of the	Republican	67	52	56	64	59	40	46	54	58	55
electorate	Independent	-	-	7	-	-	20	9	3	-	-

Black		1972	1976	1980	1984	1988	1992	1996	2000	2004	2008
13	Democrat	82	83	85	90	86	83	84	90	88	95
	Republican	18	16	11	9	12	10	12	8	11	4
	Independent	-	-	3	-	-	7	4	1	-	-

Hispanic		1972	1976	1980	1984	1988	1992	1996	2000	2004	2008
9	Democrat	63	-	56	62	69	61	72	62	53	67
	Republican	35	-	35	37	30	25	21	35	44	31
	Independent	-	-	8	-	-	14	6	2	-	-

Asian		1972	1976	1980	1984	1988	1992	1996	2000	2004	2008
2	Democrat	-	-	-	-	-	31	43	54	56	62
	Republican	-	-	-	-	-	55	48	41	44	35
	Independent	-	-	-	-	-	15	8	4	-	-

Age

		1972	1976	1980	1984	1988	1992	1996	2000	2004	2008
18% of the electorate	18-29 years old										
	Democrat	46	51	44	40	47	43	53	48	54	66
	Republican	52	47	43	59	52	34	34	46	45	32
	Independent	-	-	11	-	-	22	10	5	-	-
29	30-44 years old										
	Democrat	33	49	36	42	45	41	48	48	46	52
	Republican	64	49	55	57	54	38	41	49	53	46
	Independent	-	-	8	-	-	21	9	2	-	-
30	45-59 years old										
	Democrat	33	47	39	40	42	41	48	48	48	49
	Republican	64	52	55	60	57	40	41	49	51	49
	Independent	-	-	5	-	-	19	9	2	-	-
23	60 and older										
	Democrat	31	47	41	39	49	50	48	51	46	47
	Republican	68	52	54	60	50	38	44	47	54	51
	Independent	-	-	4	-	-	12	7	2	-	-

Political Identification

		1972	1976	1980	1984	1988	1992	1996	2000	2004	2008
22% of the electorate	Liberals										
	Democrat	-	71	60	70	81	68	78	80	85	89
	Republican	-	26	25	28	18	14	11	13	13	10
	Independent	-	-	11	-	-	18	7	6	-	-
44	Moderates										
	Democrat	-	51	42	47	50	47	57	52	54	60
	Republican	-	48	49	53	49	31	33	44	45	39
	Independent	-	-	8	-	-	21	9	2	-	-
34	Conservatives										
	Democrat	-	29	23	17	19	18	20	17	15	20
	Republican	-	70	73	82	80	64	71	81	84	78
	Independent	-	-	4	-	-	18	8	1	-	-

First Time Voters

		1972	1976	1980	1984	1988	1992	1996	2000	2004	2008
11% of the electorate	First time voters Democrat	-	-	-	38	47	46	54	52	53	69
	Republican	-	-	-	61	51	32	34	43	45	30
	Independent	-	-	-	-	-	22	11	4	-	-

Previous Presidential Vote

		1972	1976	1980	1984	1988	1992	1996	2000	2004	2008
37% of the electorate	For the Demo-cratic candidate Democrat	78	73	63	82	92	83	85	82	90	89
	Republican	21	26	29	18	7	5	9	15	10	9
	Independent	-	-	6	-	-	12	4	2	-	-
46	For the Republi-can candidate Democrat	9	18	11	11	19	21	13	7	9	17
	Republican	90	79	83	88	80	59	82	91	90	82
	Independent	-	-	6	-	-	20	4	1	-	-

Geography

		1972	1976	1980	1984	1988	1992	1996	2000	2004	2008
21% of the electorate	Northeast Democrat	39	51	42	47	49	47	55	56	55	59
	Republican	59	47	47	53	50	35	34	39	43	40
	Independent	-	-	9	-	-	18	9	3	-	-
24	Midwest Democrat	39	48	41	41	47	42	48	48	48	54
	Republican	59	50	51	58	52	37	41	49	51	44
	Independent	-	-	7	-	-	21	10	2	-	-
32	South Democrat	29	54	44	36	41	41	46	43	42	45
	Republican	70	45	52	64	58	43	46	55	58	54
	Independent	-	-	3	-	-	16	7	1	-	-
23	West Democrat	40	46	34	38	46	43	48	48	50	57
	Republican	57	51	53	61	52	34	40	46	49	40
	Independent	-	-	10	-	-	23	8	4	-	-

Family Income

% of the electorate		1972	1976	1980	1984	1988	1992	1996	2000	2004	2008
6%	**Under $15,000**										
	Democrat	-	-	49	-	-	58	59	57	63	73
	Republican	-	-	43	-	-	23	28	37	36	25
	Independent	-	-	7	-	-	19	11	4	-	-
12	**$15,000-$29,999**										
	Democrat	-	-	-	-	-	45	53	54	57	60
	Republican	-	-	-	-	-	35	36	41	42	37
	Independent	-	-	-	-	-	20	9	3	-	-
19	**$30,000-$49,999**										
	Democrat	-	-	-	-	-	41	48	49	50	55
	Republican	-	-	-	-	-	38	40	48	49	43
	Independent	-	-	-	-	-	21	10	2	-	-
21	**$50,000-$74,999**										
	Democrat	-	-	-	-	-	40	47	46	43	48
	Republican	-	-	-	-	-	41	45	51	56	49
	Independent	-	-	-	-	-	18	7	2	-	-
15	**$75,000-$99,999**										
	Democrat	-	-	-	-	-	-	44	45	45	51
	Republican	-	-	-	-	-	-	48	52	55	48
	Independent	-	-	-	-	-	-	7	2	-	-
6	**$200,000 and over**										
	Democrat	-	-	-	-	-	-	-	-	35	52
	Republican	-	-	-	-	-	-	-	-	63	46
	Independent	-	-	-	-	-	-	-	-	-	-
26	**$100,000 and over**										
	Democrat	-	-	-	-	32	-	38	43	41	49
	Republican	-	-	-	-	65	-	54	54	58	49
	Independent	-	-	-	-	-	-	6	2	-	-

Family's Financial Situation

		1972	1976	1980	1984	1988	1992	1996	2000	2004	2008
24% of the electorate	Better today										
	Democrat	-	30	-	-	-	24	66	61	19	37
	Republican	-	70	-	-	-	61	26	36	80	60
	Independent	-	-	-	-	-	14	6	2	-	-
34	Same today										
	Democrat	-	51	-	-	-	41	46	35	50	45
	Republican	-	49	-	-	-	42	45	60	49	53
	Independent	-	-	-	-	-	17	8	3	-	-
42	Worse today										
	Democrat	-	77	-	-	-	60	27	33	79	71
	Republican	-	23	-	-	-	14	57	63	20	28
	Independent	-	-	-	-	-	25	13	4	-	-

Education

		1972	1976	1980	1984	1988	1992	1996	2000	2004	2008
4% of the electorate	Not a high school graduate										
	Democrat	-	-	51	50	56	54	59	59	50	63
	Republican	-	-	46	50	43	28	28	39	49	35
	Independent	-	-	2	-	-	18	11	1	-	-
20	High school graduate										
	Democrat	-	-	43	39	49	43	51	48	47	52
	Republican	-	-	51	60	50	36	35	49	52	46
	Independent	-	-	4	-	-	21	13	1	-	-
31	Some college education										
	Democrat	-	-	35	38	42	41	48	45	46	51
	Republican	-	-	55	61	57	37	40	51	54	47
	Independent	-	-	8	-	-	21	10	3	-	-
28	College graduate										
	Democrat	-	-	-	-	37	39	44	45	46	50
	Republican	-	-	-	-	62	41	46	51	52	48
	Independent	-	-	-	-	-	20	8	3	-	-
17	Post graduate education										
	Democrat	-	-	-	-	48	50	52	52	55	58
	Republican	-	-	-	-	50	36	40	44	44	40
	Independent	-	-	-	-	-	14	5	3	-	-

Size of Place

		1972	1976	1980	1984	1988	1992	1996	2000	2004	2008
11% of the electorate	Population over 500,000	Democrat	56	-	-	63	62	58	68	71	60	70
		Republican	43	-	-	35	37	28	25	26	39	28
		Independent	-	-	-	-	-	13	6	3	-	-
19	Population 50,000 to 500,000	Democrat	40	-	-	46	52	50	50	57	49	59
		Republican	58	-	-	53	47	33	39	40	49	39
		Independent	-	-	-	-	-	16	8	2	-	-
49	Suburbs	Democrat	33	-	35	38	42	41	47	47	47	50
		Republican	65	-	55	61	57	39	42	49	52	48
		Independent	-	-	9	-	-	21	8	3	-	-
7	Population 10,000 to 50,000	Democrat	40	-	-	-	38	39	48	38	48	45
		Republican	57	-	-	-	61	42	41	59	50	53
		Independent	-	-	-	-	-	20	9	2	-	-
14	Rural areas	Democrat	30	-	39	-	44	39	44	37	39	45
		Republican	68	-	55	-	55	40	46	59	59	53
		Independent	-	-	5	-	-	20	10	2	-	-

Religion

		1972	1976	1980	1984	1988	1992	1996	2000	2004	2008
42% of the electorate	White Protestants	Democrat	22	41	31	27	33	33	36	34	32	34
		Republican	76	58	63	72	66	47	53	63	67	65
		Independent	-	-	6	-	-	21	10	2	-	-
19	White Catholics	Democrat	42	52	40	42	43	42	48	45	43	47
		Republican	57	46	51	57	56	37	41	52	56	52
		Independent	-	-	7	-	-	22	10	2	-	-
2	Jewish	Democrat	64	64	45	67	64	80	78	79	74	78
		Republican	34	34	39	31	35	11	16	19	25	21
		Independent	-	-	15	-	-	9	3	1	-	-

		1972	1976	1980	1984	1988	1992	1996	2000	2004	2008
38	Born-again or evangelical Christians — Democrat	-	-	40	30	24	31	-	-	34	41
	Republican	-	-	56	69	74	56	-	-	65	57
	Independent	-	-	3	-	-	14	-	-	-	-
40	Attend religious services at least once a week — Democrat	-	-	-	-	-	36	-	39	38	43
	Republican	-	-	-	-	-	48	-	59	60	55
	Independent	-	-	-	-	-	15	-	2	-	-

Race and Age

		1972	1976	1980	1984	1988	1992	1996	2000	2004	2008
11% of the electorate	Whites, 18-29 years old — Democrat	41	48	38	31	39	38	45	39	44	54
	Republican	57	50	48	68	60	38	41	55	55	44
	Independent	-	-	12	-	-	24	11	5	-	-
20	Whites, 30-44 years old — Democrat	26	45	31	36	39	36	41	41	37	41
	Republican	71	53	59	63	60	41	47	56	62	57
	Independent	-	-	8	-	-	23	10	2	-	-
23	Whites, 45-59 years old — Democrat	29	44	34	34	36	37	43	42	42	42
	Republican	69	55	59	65	63	42	46	54	57	56
	Independent	-	-	5	-	-	21	9	2	-	-
19	Whites, 60 and older — Democrat	26	45	39	37	45	47	45	46	42	41
	Republican	72	54	56	63	54	40	47	52	58	57
	Independent	-	-	4	-	-	13	7	2	-	-

Sex and Race

		1972	1976	1980	1984	1988	1992	1996	2000	2004	2008
36% of the electorate	White men										
	Democrat	31	47	32	32	36	37	38	36	37	41
	Republican	65	51	59	67	63	40	49	60	62	57
	Independent	-	-	7	-	-	22	11	3	-	-
39	White women										
	Democrat	31	46	39	38	43	41	48	48	44	46
	Republican	68	52	52	62	56	41	43	49	55	53
	Independent	-	-	8	-	-	19	8	2	-	-
5	Black men										
	Democrat	77	80	82	85	81	78	78	85	86	95
	Republican	23	19	14	12	15	13	15	12	13	5
	Independent	-	-	3	-	-	9	5	1	-	-
7	Black women										
	Democrat	86	86	88	93	90	87	89	94	90	96
	Republican	14	14	9	7	9	8	8	6	10	3
	Independent	-	-	3	-	-	5	2	-	-	-

Race and Region

		1972	1976	1980	1984	1988	1992	1996	2000	2004	2008
16% of the electorate	Whites in the Northeast										
	Democrat	34	49	38	42	45	44	51	52	50	52
	Republican	65	50	52	57	54	36	37	44	49	46
	Independent	-	-	10	-	-	19	10	4	-	-
20	Whites in the Midwest										
	Democrat	32	46	37	35	42	40	45	44	43	47
	Republican	65	52	55	64	57	39	43	53	56	51
	Independent	-	-	7	-	-	22	10	2	-	-
22	Whites in the South										
	Democrat	23	47	35	28	32	34	36	31	29	30
	Republican	76	52	61	71	67	49	56	66	70	68
	Independent	-	-	3	-	-	18	8	1	-	-
16	Whites in the West										
	Democrat	36	44	32	33	41	39	43	43	45	49
	Republican	60	54	55	66	58	37	44	51	54	48
	Independent	-	-	10	-	-	24	9	4	-	-

eigene Darstellung nach Daten der New York Times (http://elections.nytimes.com/2008/results/president/national-exit-polls.html) (aufgerufen am 23.12.2008)

Nils Müller

Das Parteiensystem der USA - Ein Überblick

Mögliche Ursachen:
- Wahlsystem: Verhältnis vs. Mehrheit
- Parteienfinanzierung
- Rolle der Parteien im Regierungssystem/ Aufgaben
- Wahlverhalten